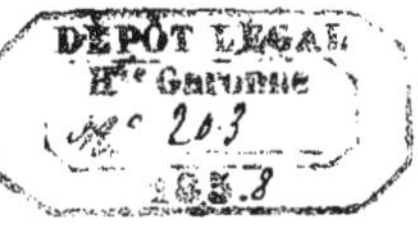

THÈSE

DE

LICENCE.

ACTE PUBLIC

POUR

LA LICENCE

En exécution de l'Article 4, Titre 2, de la Loi du 22 Ventôse an XII.

SOUTENU

Par M. CABRIT (Alexandre),

Né à Parisot (Tarn-et-Garonne).

TOULOUSE,

Typographie Troyes OUVRIERS RÉUNIS,
Rue Saint-Pantaléon, 5.

1858.

A MON PÈRE. — A MA MÉRE

A mes Belles-Sœurs. —— A mes Frères

A MES AMIS

**Témoignage inaltérable d'amour filial, de fraternité
et d'amitié.**

Jus Romanum.

De condictione indebiti.

Dig. Lib. XII, Tit. VI. — Inst. Just. Lib. III, Tit. XXVII, § VI.

Quasi ex contractu is cui persona non debitum per errorem solvit, debere videtur. Restitutione tenetur qui indebitum accipit, et actio ei qui per errorem indebitum solvit, ad restitutionem obtinendam data, est condictio indebiti.

Qui indebitum sine causa vel falsa causa accipit, assimilatur debitori ex mutuo, obligaturque perinde ac si is qui pecuniam indebitam solvit, eam dedisset mutuam, et ideò tenetur condictione qui accipit.

Ex lege aliquâ certâ, indebiti condictio, nec prætoris edicto non est introducta, sed ex æquo et bono. Naturalis est hæc actio; hoc est, ex jure gentium, ex æquitate naturali, solutionem non debitæ quantitatis revocat.

Videndum quibus condictio indebiti personis competat, quid repeti potest, quid non potest.

§ I.

Condictio indebiti ei, qui per errorem indebitum solvit, datur. Si sciens indebitam esse pecuniam solvit repetere, quia videtur donare, non potest, atque hæc donatio valet. In hærede id evidenter apparet qui, interve niente lege Falcidia, integrum legatum solvit ; non debetur integrum legatum ipso jure, si igitur sciens hæres integrum legatum solvit, condictioni locus non erit. Non potest etiam, si per errorem juris solvit, indebitum revocare.

Nonnunquam condictio indebiti utilis datur, illi qui non solvit adversus eum qui ab alio solutum accipit. Ut, si scriptus testamento hæres legata aut fideicommissa testamento relicta solverit, et posteà falsum fuisse testamentum, vel irritum capitis deminutione apparuerit ; vel quærela inofficiosi rescisum, atque etiam si indebita fuisse legata vel fideicommissa apparuerit, legatorum solutorum condictio competit hæredi legitimo qui ab hærede scripto hæreditatem abstulit et evicit. Condictio utilis igitur ei qui non solvit, competit.

Ità evenit ut scriptum est in Dig. Lib. 12. Tit. 6, § 5, ut quod alius solvit, alius condicat. Sic minor viginti quinque annis inconsultè addita hæreditate, solutis legatis, in integrum restituetur ; non tamen indebiti condictio ei datur, sed ei ad quem bona hæreditatis pertinent actio competit.

Etiam quod solvit hæres scriptus, hæres legitimus condicet evictâ hæreditate.

Si filius ab hostibus captus est, et pater falsò eum apud hostes præ_ sumit obiisse, eum testamento omittit, et alium hæredem scribit. Ab hærede in testamento scripto legatis solutis, posteà revertitur filius. Filii præteritio testamentum ab initio injustum facit. Non valent ergò legata. Utilis condictio solutorum legatorum ei qui postliminio reversus est dabitur, quia semper in civitate fuisse creditur. Directa etiam condictio ei datur, ex cessione hæredis scripti, qui solvit.

Hoc vero casu, hæres secutus testamenti scripturam, bonâ fide solvit legata de bonis hæreditatis ; et culpa ei nulla imputari potest ; ergò in hoc tantum tenetur scriptus hæres, ut cedat indebiti condictionem, sive ea inanis, sive efficax sit. Cedendo enim condictionem liberatus. Nam qui hæreditatem ad alium pertinentem bonâ fide possidet, in hoc tantum tenetur quantum locupletior factus est, et hoc est ex senatus-consulto Adriano.

Si pupillus vel furiosus, vel is cui bonis interdictum est, solverint, repetere possunt. Si exstant nummi, vindicabuntur, consumptis vero, condictio locum habebit.

§ 2.

Quod per errorem indebitum solvitur, aut ipsum, aut tantumdem repetitur. Indebitum dicitur quod nullo jure neque civili, neque naturali debetur.

Amplius debito repeti potest. Sed usuras summæ solutæ amplius debito revocare non potest, enim actione condictionis ea sola quantitas repetitur quæ indebiti soluta est.

Indebiti condictionem naturalem esse vidimus. Ideò in condictionem venit, non tantum res soluta, sed etiam quod rei accessit, ut partus ancillæ, si, soluta sit ancilla ; vel quod alluvione accessit, si fundus solutus sit. Imo condici possunt fructus qui ab eo cui solutum est, bona fide, deductis tamen impensis, percepti sunt. Enim quia sicut æquum est rem profectam ex bonis meis quæ apud te sine causa deprehenditur, restitui mihi, ita etiam rei fructus et accessiones, eadem ratione, æquum est mihi restitui, quia ad te etiam sine causa pervenerunt.

§ 3.

Ex quibusdam tamen causis repeti non potest quod per errorem non debitum solutum sit.

Non revocat condictio indebiti quod ex æquo et bono debetur, id est, quod natura debetur, etiam si jure civili non debeatur. Ita, qui naturalem obligationem solvit, ratus eam obligationem civilem esse.

Filiusfamilias cui pecunia data est, exceptione senatus-consulti Mace-'doniani se tueri potest, sed si solvit, non potest repetere. Enim, si data sit pecunia mutua debetur quidem, sed agenti obstat exceptio senatus-consulti Macedoniani. Senatus-consulto naturalis obligatio non extin-guitur.

Etiam ex quibus causis inficiando lis crescit, indebitum solutum repeti non potest, veluti ex legato relicto per damnationem apud veteres (Justinianus extendi voluit omnibus legatis vel fidei-commissis). Item ex lege Aquilia. In his diversis casibus, qui solvit transigere videtur, ideo condictioni locus non est.

Legata vel fidei-commissa quæ sacrosanctis ecclesiis, et cæteris vene-rabilibus locis derelicta sunt, si indebita solvantur, non repetuntur. Sic Justinianus in Constitutionibus decrevit.

Code Napoléon.

Des causes de la séparation de corps et de ses effets.

Le mariage est la société légitime de l'homme et de la femme mettant en commun leur existence physique et morale. C'est un lien indissoluble que la mort naturelle seule peut rompre ; car , autrefois le divorce, qui donnait aux deux époux le droit de le dissoudre, et en même temps de contracter de nouveaux liens, a été aboli par une loi du 8 mai 1816 ; les bienfaits de cette nouvelle législation sont précieux au plus haut degré ; car , indépendamment de toutes idées religieuses qu'il heurtait si violemment, le divorce, en offrant aux deux époux la perspective d'une rupture complète, encourageait ces trop faciles regrets , ces incompatibilités d'humeur que tend au contraire à comprimer l'indissolubilité du mariage ; et ensuite, quel spectacle étrange pour la société , de voir un mari et une femme, après avoir confondu leur présent, leur avenir et leur existence la plus intime, s'engager dans de nouveaux liens et ruiner le sort de leurs enfants. Evidemment , aucun avantage ne saurait compenser les inconvénients d'un tel principe , ni en effacer la monstruosité. Aussi , est-il à désirer que le divorce ne reparaisse plus dans nos lois ; mais à coté du divorce , le législateur avait placé une institution parallèle qui relâchait les liens du mariage sans les rompre, c'était la séparation de corps, qui va faire la matière de notre sujet. Cette institution, qui subsiste aujourd'hui, a pris même un nouveau degré de nécessité depuis qu'elle est l'unique refuge offert aux époux pour qui la vie commune est désormais impossible. Ainsi, la séparation de corps est le droit accordé par les tribunaux à deux époux, de vivre isolés l'un de l'autre sans que le mariage soit dissous ; nous allons parler successivement de ses causes et de ses effets.

Des causes pour lesquelles la séparation de corps peut être demandée.

Les causes de la séparation de corps sont les mêmes que celles pour lesquelles on pouvait autrefois demander le divorce. L'art. 306 C. N. porte : Dans le cas où il y a lieu à la demande en divorce pour cause déterminée, il sera libre aux époux de former demande en séparation de corps : l'art. 307 ajoute : elle ne pourra avoir lieu par le consentement mutuel des époux : le législateur pouvait-il permettre aux deux époux de se faire un jeu du mariage, de cet acte le plus solennel de la vie, tantôt en se réunissant, tantôt en se séparant selon leurs caprices. Aux termes des art. 229, 230, 231, 332, le divorce pouvait être demandé pour les causes déterminées qui suivent : 1º l'adultère ; 2º les excès, sévices, ou injures graves; 3º la condamnation de l'un des époux à une peine infamante. Ces mêmes motifs, étant applicables à la séparation de corps, nous allons en parler successivement.

§ 1er. — *Adultère de la femme.*

A Rome, l'adultère de la femme était considéré comme un crime public, *crimen publicum*, et, comme tel, pouvait être poursuivi par tout citoyen romain; la loi 30 au code, *ad leg. Jul.. de adult.*, n'accorde cette action qu'au mari, au père, aux frères et aux oncles de la femme. En France, de tous temps, cette action n'appartient qu'au mari; l'art. 336 du Code Pénal, qui accorde au mari seul la faculté de se plaindre con-

tre les déréglements de sa femme, est en parfaite harmonie avec l'ancienne
jurisprudence : le ministère public n'est pas compétent pour poursuivre
directement une action de cette nature. Lorsque le mari obtient un jugement de séparation de corps, pour cause d'adultère de sa femme, le tribunal civil doit prononcer contre celle-ci, sur la réquisition du ministère public, la peine dont le délit qu'elle a commis est passible (art.
308 C. Nap.) : au contraire, lorsque c'est la femme qui obtient un jugement semblable pour une cause de même nature contre son mari, le tribunal civil ne peut prononcer aucune peine contre ce dernier, car, aucun texte ne dérogeant quand il s'agit de l'adultère du mari à l'ordre
régulier des juridictions, c'est le tribunal correctionnel, qui seul est
compétent pour punir le mari de son délit. Ici, se présente une question
controversée, de savoir, si lorsque le mari a intenté l'instance en séparation de corps pour cause d'adultère de sa femme et qu'il a succombé,
le ministère public a le droit d'interjeter appel.

Nous répondrons que le ministère public n'a nullement ce droit ; car
l'art. 336 du Code Pénal déclare que le mari seul est admis à se plaindre ; l'article suivant accorde au mari la faculté d'arrêter l'effet de la
condamnation en consentant à reprendre sa femme ; l'article 309 du
Code Napoléon lui accorde le même droit ; ainsi il en résulte virtuelle-
ment que le ministère public ne pouvant de lui-même sans le consentement du mari engager l'instance devant le tribunal de première instance,
ne pourra pas à plus forte raison la porter devant la cour d'appel, attendu
que c'est toujours la même cause. Et d'ailleurs, que l'adultère, bien qu'il
soit considéré à certains égards comme un crime public, n'en est pas
moins un délit privé donnant lieu à une action privée, exercée à la
requête de celui qu'il a lesé, les articles ci-dessus cités le démontrent
suffisamment.

Une autre question, celle de savoir si les héritiers du mari peuvent
être admis à continuer l'instance en séparation de corps pour cause
d'adultère, est aussi l'objet d'une assez sérieuse controverse.

Il est hors de doute que dans l'ancienne jurisprudence ils avaient ce
droit ; on sait aussi que d'après les articles 317 et 329 C. N., ils peu-

vent intenter l'action en désaveu, et celle qui a pour objet d'établir la
filiation. S'ensuit-ils qu'ils soient admis, sinon à intenter directement, du
moins à continuer l'action en séparation de corps pour cause d'adultère ?
Nous n'hésitons pas à nous prononcer pour la négative ; nos motifs sont
que la séparation de corps est une action essentiellement personnelle,
attendu qu'elle repose sur des faits tous personnels et dont les époux
ont seuls le secret, et par conséquent n'est nullement transmissible aux
héritiers. Au reste, nul texte de la loi ne leur accorde ce droit, tandis
qu'en fait de désaveu, filiation ou ingratitude, la loi y a dérogé par les
articles 317, 329 et 957, en transmettant ce droit aux héritiers des parties réclamantes. Serait-il conforme aux saines règles d'interprétation, de
suppléer au silence de la loi par des dispositions qui sont loin d'avoir une
analogie complète avec celle qui nous occupe ?

Adultère du mari.

Il a été reconnu de tous temps et chez tous les peuples que l'adultère du mari, sous le rapport des conséquences qu'il entraîne, ne pouvait
être mis sur la même ligne que celui de la femme. Il est vrai qu'au point
de vue de la morale et de la religion, l'un et l'autre commettent une
infraction égale à l'engagement solennel qu'ils ont juré, l'un et l'autre par conséquent devraient être soumis à la même répression et
subir les mêmes peines. Mais la société civile ne se préoccupe pas seulement des intérêts moraux, elle a aussi pour but important de ménager
les avantages matériels. Il est bien certain que sous ce dernier rapport,
l'adultère du mari n'a pas de suites aussi déplorables que celui de la
femme. Aussi le législateur, quoiqu'il y ait violation au même degré
des principes sacrés de la foi jurée, même dépravation de sentiments,
et même attentat à la morale, ne leur a pas appliqué les mêmes règles,
et il a considéré d'un œil moins odieux l'adultère du mari.

L'article 230 du Code Napoléon dit que la femme peut demander la séparation de corps pour cause d'adultère de son mari, lorsqu'il aura tenu sa concubine dans la maison commune ; l'article 339 du Code de Procédure reproduit la même disposition quant aux fins criminelles ; « Le mari, dit-il, qui aura entretenu une concubine dans la maison conjugale, et qui aura été convaincu, sur la plainte de sa femme, sera puni d'une amende de cent francs à deux mille francs. » Ainsi, pour qu'il y ait infidélité du mari dans l'ordre légal, quoique dans l'ordre moral il y ait toujours violation de la foi jurée, il faut que le mari tienne ou entretienne une concubine dans la maison commune: par ces mots il faut entendre non-seulement la maison où ils cohabitent, mais même celle où ils doivent cohabiter ; peu importe qu'elle soit ce qu'on nomme domicile ou simple résidence de fait, comme un hôtel garni, ou même dans laquelle ils peuvent se rendre parfois, comme une maison de campagne ; il n'est pas nécessaire non plus que la femme habite avec son mari au moment où il entretient une maîtresse dans sa maison ; elle peut s'en être éloignée accidentellement ou volontairement, craignant de rencontrer une rivale qui lui serait odieuse ; dans l'un et l'autre cas, la souillure est toujours la même. Peu importe aussi que la concubine n'ait jamais paru que furtivement dans la maison commune, elle n'a l'a pas moins souillée de sa présence.

Il faut remarquer qu'un rapprochement criminel, consommé par le mari dans la maison commune, ne suffirait pas pour constituer l'adultère et motiver une séparation de corps ; la loi exige qu'il y ait *entretenu* ou *tenu* une concubine, ce qui suppose un commerce plus ou moins prolongé. Cependant, si des femmes de mauvaise vie venaient habituellement dans la maison, quoique leur habitation n'y fût point établie, je pense que la séparation serait admise sans nul doute. Mais si le mari abandonnant sa femme, choisit une nouvelle habitation et y installe sa concubine, la femme assurément sera admise à la séparation de corps ; car vainement on dirait que, dans cette circonstance, la concubine est venue dans une maison qui n'a jamais été celle de l'épouse, vu que celle-ci répondrait victorieusement qu'elle est toujours censée demeurer avec son mari partout où ce dernier juge à propos de fixer son domicile ou sa résidence (108).

§ 3. — *Des sévices , injures graves de l'un des époux envers l'autre.*
(Art. 231 Cod. Nap.).

Par excès , on entend des actes de violences qui mettent en danger les
jours d'une personne ; par sévices , les mauvais traitements de tout genre
qui ne les exposent néanmoins à aucun danger ; les actions , les paroles
ou les écrits de nature à blesser de légitimes susceptibilités , à compro-
mettre l'honneur et la réputation , sont des injures graves. Au reste ,
il est évident que les tribunaux ont un pouvoir discrétionnaire pour ap-
précier de telles causes de séparation. Le caractère des époux , leur
naissance , leur éducation , leur position sociale , sont des éléments
rationnels qui doivent introduire des nuances nécessaires dans la moralité
des faits. Ainsi , telle personne de la classe inférieure de la société res-
sent moins l'effet d'un propos outrageant ou d'un mauvais traitement ,
qu'une autre d'un rang plus élevé et que l'éducation a rendue plus sensi-
ble. Peu importe aussi que les injures soient proférées par des paroles ,
par des faits ou contenues dans des écrits ; peu importe encore qu'elles le
soient dans tel ou tel autre lieu , devant telles ou telles autres personnes,
leur gravité s'appréciera de la même manière.

Ainsi , les injures faites devant un tribunal peuvent motiver l'action
en séparation ; les lettres écrites par le mari à la femme , contenant
des injures graves , peuvent aussi , dans certaines circonstances , faire
prononcer la séparation de corps. On décide de même que lorsque le mari
s'obstine à ne pas vouloir recevoir sa femme , cette dernière peut se
plaindre et obtenir la séparation.

§ 4. — *Condamnation de l'un des époux à une peine infamante.*

La condamnation de l'un des époux à une peine infamante est pour
l'autre une nouvelle cause de séparation de corps (Art. 232 C. Nap.).

Ainsi, les travaux forcés à temps , la détention , la réclusion , le bannissement peuvent motiver une séparation. Les époux en se mariant promettent bien de s'aider réciproquement à supporter le poids commun de la vie dans la prospérité aussi-bien que dans le malheur ; mais cependant si l'un d'eux a osé violer toutes lois divines et humaines et s'attirer sur sa tête leurs vengeances , peut-on comprendre rien de plus malheureux et de plus insupportable que de vivre dans la société de cette personne flétrie par l'opinion et l'autorité, déclarée pour ainsi dire indigne de la vie civile des hommes probes et libres? Toutefois, la condamnation doit être irrévocable et fondée sur un fait postérieur au mariage ; car , s'il était antérieur , la séparation ne saurait être accordée , vu qu'en pareille circonstance le divorce ne l'était point.

La condamnation doit être irrévocable. Ainsi , dans les jugements par contumace , la séparation ne pourrait être demandée qu'après vingt ans, puisque jusqu'à l'expiration de ce délai , le contumax a le droit de se présenter et de démontrer son innocence (Art. 635 , 641 , C. d'Inst. Cr.)

L'époux ne pourra non plus demander la séparation avant que le pourvoi du jugement qui prononce une peine infamante n'ait été rejeté par la cour suprême.

Quid de la commutation ou de la remise pleine et entière de la peine ? Je crois que ces circonstances ne peuvent être un obstacle à la séparation de corps, car le déshonneur subsiste, et la violation du contrat dont la loi se préoccupe, n'en a pas moins été accomplie.

Quid si l'un des époux s'était rendu coupable envers l'autre d'un crime emportant peine infamante ? La condamnation ne serait point nécessaire pour que ce dernier pût obtenir la séparation de corps ; il lui suffirait de la motiver sur les excès qu'il a éprouvés.

Des effets de la séparation.

Nous considérons ces effets par rapport aux personnes des époux , par rapport à leurs biens , et par rapport à leurs enfants; ce sera autant de paragraphes distincts.

§ 1er. — *Effets de la séparation de corps par rapport à la personne*
des époux.

Le principal effet de la séparation de corps prononcée contre la femme
pour cause d'adultère, c'est qu'elle est condamnée par le même jugement
et sur les conclusions du ministère public, à la peine de la réclusion dans
une maison de correction, pendant un délai qui ne pourra être moindre
de trois mois, ni excéder deux années (art. 308). Cette condamnation est
obligatoire pour les juges, ils doivent la prononcer lors-même que le
mari déclarerait se contenter de la simple séparation de corps. La loi
en effet ne dit pas *pourra*, mais bien *sera* condamnée par le même jugement. Quant à l'effet de la condamnation, il sera libre de l'arrêter en consentant à reprendre sa femme, et à considérer le jugement de séparation
comme non-avenu.

Quand c'est contre le mari que la séparation est prononcée pour cause
d'adultère, il doit être condamné à une amende de cent francs à deux mille
francs. Mais remarquons-le bien, ce n'est plus le tribunal civil qui prononce ici comme dans le cas précédent, lorsqu'il s'agit de l'adultère de
la femme, c'est le tribunal correctionnel, attendu que nul texte ne déroge,
quand il s'agit de l'adultère du mari, à l'ordre ordinaire et régulier des
juridictions. Le mariage subsistant malgré la séparation de corps, leurs
devoirs de fidélité doivent toujours être observés, et ce devoir doit encore
être bien plus rigoureux pour la femme, attendu que ses enfants conti-
nuent d'appartenir au mari (art. 312). Aussi la femme qui se rend coupable d'adultère après la séparation, n'en est pas moins passible des
mêmes peines. Les conjoints ne cessent pas non plus de se devoir réciproquement des secours lorsqu'ils sont dans le besoin. Les tribunaux,
pour fixer le taux de la pension alimentaire, doivent toujours se montrer
plus favorables à l'époux innocent, qu'à celui contre lequel la séparation
de corps a été prononcée. Quant au domicile, la séparation de corps
entraîne aussi sa division, attendu que la séparation des demeures étant

le but unique de cette institution, il y aurait contradiction avec le principe
de soutenir que la femme eût le même domicile que son mari : ainsi, après
la séparation, la femme est censée demeurer ailleurs qu'au domicile de
son mari.

§ 2. — *Effets de la séparation de corps par rapport aux biens des époux.*

La séparation de corps entraîne de plein droit celle des biens. La vie
commune ayant cessé, il est naturel que la communauté des époux,
quant à leurs biens cesse également (*accesorium cedit suo principali*).
C'est en vain que les époux consentiraient à la réunion de leurs biens
quand leurs corps sont désunis. Une pareille stipulation serait nulle, fût-
elle une des clauses du contrat de mariage.

Quand les époux sont mariés sous le régime de la communauté, la
femme séparée de corps doit accepter la communauté dans les trois mois
et quarante jours qui suivent la séparation. Si elle garde le silence, elle
est présumée y renoncer (1463). Elle n'est pas tenue de faire inven-
taire, cette condition ne lui est imposée par l'art. 1456 que lorsqu'elle
est survivante.

D'après l'art. 1445 le jugement qui prononce la séparation de biens,
remonte quant à ses effets, au jour de la demande ; il en est de même
dans le cas où il prononce la séparation de corps. Cette disposition n'est
que la consécration de ce principe que le jugement ne crée aucun droit
en faveur de celui qui réclame, mais qu'il se borne à le reconnaître.
De là cette conséquence, qu'à partir de la demande en séparation de
corps, la communauté est dissoute ; que la femme a droit à la restitution
des fruits et des intérêts de ses biens propres, que les successions mobilières qui lui sont échues pendant l'instance ne tombent point en communauté, que les dettes contractées par le mari depuis la demande en sépa-
paration, c'est-à-dire à dater de l'assignation reçue par lui, ne grèvent
point la communauté acceptée par la femme, si ce n'est jusqu'à concur-

rence de ce dont la communauté a profité, et enfin que les aliénations d'objets communs faites par le mari, depuis la même époque, ne peuvent pas être opposées à la femme. Le principe de la rétroactivité doit être non-seulement appliqué aux époux, mais même aux tiers, que la publicité de la demande a mis en même de se prémunir contre ces conséquences, et auxquels il n'est plus permis dès-lors d'invoquer leur bonne foi.

La femme séparée de corps reprend la libre administration de ses biens, elle peut disposer de son mobilier et l'aliéner, elle ne peut aliéner ses immeubles sans le consentement du mari, ou sans être autorisée en justice à son refus.

Ainsi la séparation replace la femme à la tête de sa fortune, elle peut sans autorisation toucher ses revenus, et en faire tel usage que bon lui semble, elle a même le droit d'affermer et louer ses immeubles pour neuf ans seulement, de poursuivre le remboursement de ses capitaux mobiliers, les recevoir, en donner décharge avec main-levée des inscriptions hypothécaires prises pour leur sûreté. Cependant, si la femme est mineure, il est bien entendu que son mari doit l'assister en qualité de curateur, lorsqu'elle donne décharge d'un capital, et qu'il est obligé d'en surveiller l'emploi (art. 482 Cod. Nap.); car la femme séparée peut être assimilée en tous points au mineur émancipé. Quand il s'agit d'actes d'aliénation, la loi divise la fortune de la femme en deux parties bien distinctes, les meubles et les immeubles.

Quant à ses immeubles, la femme séparée ne peut les aliéner sans l'autorisation de son mari ou de la justice.

Ainsi elle ne peut ni les vendre, ni les échanger, ni les donner entre vifs, ni les grever d'hypothèques, de servitudes, de droits d'usufruit, d'usage ou d'habitation. Elle ne peut pas mieux intenter seule une action immobilière ni y défendre. Quant à son mobilier, elle peut en *disposer* et *l'aliéner*, ce sont les termes formels de l'art. 1449, et ici le mobilier comprend tout ce qui n'est pas immeuble : ainsi la femme a sur sa fortune mobilière les droits les plus illimités. L'esprit en outre vient à l'appui de la lettre : à l'époque où fut fait le Code Nap., la richesse territoriale était tout, la richesse mobilière était peu de chose, on ne se doutait même pas de l'immense d'enveloppement qu'elle devait acquérir, le législateur réserva donc pour la première toutes ses précautions et toutes ses sévérités. Ainsi, malgré les art. 217 et 905 du Cod. Nap., qui défendent à la femme même séparée de donner sans l'autorisation de son mari ou de la justice, à son refus, il est hors de doute que ces textes généraux ayant été modifiés, quant aux meubles par l'art. 1449, la femme a sur son mobilier un pouvoir illimité, et par conséquent peut en disposer entre vifs soit à titre gratuit, soit à titre onéreux.

Si les époux étaient mariés sous le régime dotal, la femme séparée de corps pourrait-elle disposer des choses mobilières frappées de dotalité? Il est certain que non. Les auteurs et la jurisprudence sont à peu près unanimes pour reconnaître que, sous ce régime, la dot mobilière est inaliénable. Or, la séparation de corps ne dissolvant pas le mariage, ce mobilier continuera donc de conserver son caractère dotal. Nous reconnaissons cependant qu'après la séparation, les créances dotales et les immeubles dotaux sont prescriptibles, et cependant personne ne peut soutenir qu'ils puissent être vendus.

§ 3. — *Effets de la séparation de corps par rapport aux enfants des époux.*

D'après l'art. 302, les enfants doivent être confiés à l'époux qui a obtenu le divorce, à moins que le tribunal n'en ait autrement disposé pour leur plus grand avantage. Cet article doit évidemment s'appliquer à la séparation de corps, qui remplace aujourd'hui le divorce. La puissance paternelle subsiste dans tous ses effets, sauf les cas où la loi y aurait spécialement dérogé. Voilà pourquoi le père tant qu'il vit exerce seul l'autorité paternelle, même pendant la séparation de corps. Ainsi le droit de correction ne peut appartenir qu'à lui. C'est aussi à lui que l'enfant doit s'adresser pour obtenir son consentement à son mariage; l'éducation de l'enfant peut être confiée à un tiers, ses biens peuvent être aussi administrés par des tiers; mais ces dispositions n'ayant réellement pas pour objet d'enlever au mari la puissance paternelle, il en résulte qu'il a la jouissance légale du bien de ses enfants, quoiqu'il puisse ne pas en avoir l'adminis-

3

tration. C'est encore au mari que la femme doit remettre la somme qui représente sa part dans les dépenses communes. Néanmoins, si le mari était un dissipateur , et que l'argent fourni par la femme ne fût employé ni aux besoins du ménage, ni à ceux des enfants , la femme pourrait être autorisée par les tribunaux à pourvoir directement à ces nécessités ; autrement la position de la famille serait intolérable. L'art. 302 dit que le tribunal peut confier la surveillance des enfants à la femme ; peut-elle y renoncer ? Nul doute à cet égard ; puisque la mère peut renoncer à la tutelle de ses enfants , elle est en droit de renoncer à la surveillance de ceux-ci , attendu qu'elle n'est qu'une espèce de tutelle.

Pour terminer notre sujet sur la séparation de corps , nous croyons utile de donner un aperçu sur la procédure à suivre pour y arriver.

L'époux demandeur présente requête au président du tribunal de l'arrondissement où est le domicile commun. La requête contiendra l'exposé sommaire des faits qui peuvent être prouvés par témoins , s'ils paraissent au tribunal pertinents et admissibles. Ce qu'il y a de remarquable , c'est que , contrairement à la règle générale , les parents et les domestiques des époux , témoins ordinaires et presque indispensables des scènes du ménage, peuvent être interrogés : toutefois, les enfants et descendants ns sont pas compris dans l'exception (art. 251 Cod. Nap.); les pièces à l'appui s'il y en a, seront jointes à ladite requête (art. 875 Cod. Proc.); le président indiquera dans une ordonnance, au bas de la requête, le jour et l'heure où les époux comparaîtront devant lui (876 Cod. Proc.) : la requête et l'ordonnance seront signifiées à l'époux défendeur avec assignation pour comparaître. Les époux comparaîtront en personne sans être assistés d'aucuns conseils. Le président tâchera de les réconcilier , s'il ne peut y parvenir , il les renverra directement à l'audience où le demandeur devra faire assigner l'autre époux ; il autorisera la femme à procéder en justice , il déterminera la maison où elle devra se retirer pendant l'instance, et il ordonnera que les effets à l'usage journalier de la femme lui seront remis ; là se borne la juridiction. Le tribunal avisera sur la cause avec les formes établies, mais sur les conclusions du ministère public.

·Enfin, le jugement qui prononce la séparation de corps doit être rendu public selon les voies prescrites par la procédure. (art. 880 , 872 Cod. Proc.) Cette publicité a pour but d'apprendre à ceux qui voudraient contracter avec le mari, que désormais sa fortune personnelle répond seule de ses engagements ; elle empêche ainsi le mari d'abuser de la bonne foi des tiers, par un crédit imaginaire.

Procédure Civile.

***

De la requête civile.

Les jugements peuvent être attaqués par voies ordinaires qui comprennent l'opposition et l'appel, et par voies extraordinaires qui embrassent la requête civile, le pourvoi en cassation, la prise à partie, le désaveu et la tierce opposition. Notre sujet n'ayant trait qu'à la requête civile, au nombre des voies extraordinaires, c'est d'elle seule dont nous allons nous occuper.

La requête civile est donc une voie extraordinaire dont on se sert pour faire réformer un jugement. Ce recours rarement employé est toujours porté devant le tribunal ou la Cour qui a rendu la sentence attaquée. On a appelé ce recours requête civile, soit parce qu'il est inconnu en matière criminelle, soit parce que la requête que la partie adresse aux magistrats doit être rédigée en termes très respectueux. Comme en appel, les parties qui ont figuré dans le jugement qui a lésé leurs intérêts, ainsi que leurs représentants, peuvent user de ce droit. Elles seules qui l'auront invoqué, profiteront de ses bénéfices, si la matière est divisible; mais si, au contraire, elle se trouve indivisible par la force des choses, toutes les autres parties dans le jugement y auront droit. On doit diriger ce recours contre les parties qui doivent profiter des condamnations portées au jugement, et c'est à elles seules qu'il peut être opposé. Nous allons successivement parler des jugements qui peuvent être attaqués par requête civile , des causes qui peuvent motiver ce recours , des délais donnés pour le proposer, et de l'époque où il est admissible, des juges qui doivent en connaître, de la manière de former la requête civile ; de ses effets, de la requête civile incidente , de l'instruction et de la plaidoirie , du jugement qui rejette la requête civile, de celui qui l'admet et de ses effets , du jugement sur le rescisoire ; enfin des voies ouvertes contre les jugements rendus sur requête civile : cette division va faire l'objet d'autant de paragraphes distincts.

§ 1er. — *Des jugements sujets à la requête civile.*

Il n'y a que les sentences en dernier ressort , soit contradictoires , soit par défaut qui puissent être soumises à la requête civile ; mais dans le cas où les jugements sont par défaut, la voie de la requête civile n'est admissible que lorsque celle de l'opposition est fermée. L'art. 480 indique comme sujets à la requête civile les jugements en dernier ressort des tribunaux de première instance et des cours impériales. Par tribunaux de première instance on doit entendre les tribunaux civils d'arrondissement , et les tribunaux de commerce.

Des causes qui donnent lieu à la requête civile.

Les art. 480 et 481 nous les énumèrent d'une manière limitative, elles sont au nombre de onze :

1re *Cause.* — S'il y a dol personnel , il faut que ce soit la partie adverse qui ait été elle-même l'auteur ou le complice du dol , qui, s'il avait été commis par un tiers, ne pourrait donner lieu qu'à une action en dommages-intérêts.

2e *cause*. — Si depuis le jugement il a été recouvré des pièces décisives et qui avaient été retenues par le fait de la partie.

3e *cuuse*. — Si l'on a jugé sur pièces reconnues ou déclarées fausses depuis le jugement.

Mais la partie peut-elle se plaindre si la pièce décisive retenue par son adversaire , était commune aux deux parties? Evidemment non, car la partie condamnée ne doit imputer sa défaite qu'à sa propre négligence. Il faut que les pièces retenues ou reconnues fausses pour donner lieu à la requête civile , aient influé sur la décision attaquée.

4e *cause*. — Si les formes prescrites à peine de nullité ont été violées , soit avant , soit lors du jugement, pourvu que la nullité n'ait pas été couverte par les parties.

Ainsi un jugement aura été rendu contre une partie qui n'avait pas constitué avoué et qui a laissé expirer les délais de l'opposition ; si l'ajournement ne contenait pas toutes les indications prescrites à peine de nullité par l'art. 61 C. Pr., comme la partie condamnée n'a pu couvrir la nullité , puisqu'elle a toujours fait défaut, elle peut s'en faire un moyen de requête civile.

5e *cause*. — Si dans les cas où la loi exige la communication au ministère public , cette communication n'a pas eu lieu, et que le jugement ait été rendu contre celui pour qui elle était ordonnée , comme par exemple au sujet de la dot des femmes mariées, alors la requête civile pourra être employée.

6e *cause*. — S'il a été prononcé sur choses non demandées.

7e *cause*. — S'il a été adjugé plus qu'il n'a été demandé.

8e *cause*. — S'il a été omis de prononcer sur l'un des chefs de la demande.

Dans les deux premiers cas , il y a excès de pouvoir désigné sous le nom d'*ultra petita ;* dans le troisième, une espèce de déni de justice. Mais la loi, supposant que les juges n'ont commis ces fautes que par inattention, permet de leur demander la réparation à eux-mêmes au moyen de la requête civile.

9e *cause*. — Si dans un même jugement il y a des dispositions contraires; il faut pour cela que les dispositions soient tellement inconciliables qu'elles ne puissent être exécutées simultanément. Par exemple, s'il y a contradiction, entre les motifs et le dispositif, la méprise des juges est alors évidente et par conséquent il y a inattention ; ainsi la requête civile sera permise.

10e *cause*. — S'il y a contrariété de jugement en dernier ressort entre les mêmes parties et sur les mêmes moyens, dans les mêmes cours ou tribunaux. Ainsi dans ce cas, pour donner lieu à la requête civile, il faut que les parties soient les mêmes, procédant en la même qualité, que les sentences aient été rendues sur les mêmes moyens, c'est-à-dire que la cause de la demande ait été la même, *eadem causa*, et qu'il ne soit survenu depuis la première sentence aucun fait nouveau qui ait dû amener une décision contraire ; il faut en outre que ces sentences contraires soient prononcées par les mêmes cours ou tribunaux ; car si c'était un des tribunaux ou cours différents, cette contrariété donnerait ouverture à cassation.

11e *cause*. — « L'Etat, les communes, les établissements publics et les mineurs sont encore reçus à se pourvoir, s'ils n'ont été défendus, ou s'ils ne l'ont été valablement. Par ces mots, n'ont été défendus, on entend s'ils on été jugés par défaut ou par forclusion ; et par ceux-ci, s'ils ne l'ont été valablement, si l'on a négligé des moyens de fait et de droit qui devaient leur assurer gain de cause à fond. Par exemple, la communication au ministère public n'a pas eu lieu, et cependant son intervention est indispensable, les juges l'ont négligé. Ils ont aussi manqué lors du jugement des formes dont l'omission emporte nullité ; quoique dans ce cas il y ait faute de leur part, on a préféré au pourvoi en cassation la requête civile. Si dans le jugement l'incapable a procédé comme capable ; par exemple, un mineur non émancipé a figuré en son nom, ou bien émancipé, mais sans l'assistance d'un curateur, les juges l'ayant supposé majeur, la requête civile est ouverte, attendu que ce n'est que par inadvertance que les juges n'ont pas déclaré l'action irrecevable. Ce dernier point est néanmoins controversé.

§ 3. — *A quelle époque la requête civile est-elle admissible.*

Pour résoudre cette question , il faut distinguer parmi les divers jnge-
ments en dernier ressort. Si le jugement est susceptible d'opposition , la
requête civile n'est admissible qu'à dater de l'expiration des délais de l'opposition ; s'il était préparatoire à dater du jugement défininitif ; les
mêmes règles doivent être observées que pour l'appel , sauf que la requête civile peut être employée dans la huitaine de la décision.

§ 4. — *Des délais de la requête civile.*

La requête civile , porte l'article 483 , sera signifiée avec 'assignation
dans les trois mois ; à l'égard des majeurs , du jour de la signification à
personne du domicile du jugement attaqué ; ainsi , le jour de l'échéance
est compté ; il faut que la signification soit en bonne forme (Art. 61), et
précédée de la signification à avoué pour faire courir le délai valablement.

Les articles 484 , 485 , 486 , 487 , 488 , contenant des cas exception-
nels à l'égard des mineurs , ou d'individus absents de l'Empire , ou bien
décédés dans les délais ci-dessus fixés pour se pourvoir , ou relativement
au faux , dol , ou découverte de pièces nouvelles , les délais se trouvent
augmentés dans ces divers cas en raison des circonstances qui s'y trouvent prévues.

§ 5. — *Devant quels juges la requête civile doit être portée.*

L'art. 490 nous dit qu'elle doit être portée au même tribunal où le jugement attaqué a été rendu ; cette règle est même applicable au cas prévu
par l'art. 491, c'est-à-dire que quand le jugement est opposé dans le cours
d'une instance pendante devant un autre tribunal , le sursis au jugement

de cette seconde instance ne doit être prononcé que suivant les circonstances ; par exemple, si le jugement opposé est de nature à avoir quel-
que influence sur le second procès. Par exception au principe , qui pro-
noncera la récusation d'un magistrat quand il a déjà connu de l'affaire
comme juge , l'article 490 veut expressément que les mêmes juges qui
ont rendu le jugement, statuent sur la requête civile ; la raison en est ici
comme dans l'opposition que le vice du jugement ne pouvant provenir
que d'une surprise pratiquée par la partie adverse, ou d'une inadvertance,
l'amour-propre des juges ne peut les porter à maintenir leur première
décision.

§ 6. — *Dans quelle forme la requête civile doit avoir lieu.*

La requête civile est formée tantôt par requête , tantôt par exploit ;
ce dernier mode est dans tous les cas employé , sauf dans celui émis par
l'art. 493, qui veut que la requête civile soit formée par requête d'avoué
à avoué , quand elle est proposée incidemment dans le cours d'une seconde instance pendante devant le même tribunal qui a rendu la sentence
attaquée. L'assignation sera donnée au domicile de l'avoué de la partie
qui a obtenu le jugement attaqué , si elle est formée dans les six mois
de la date du jugement , et cet avoué est alors censé constitué sans nouveaux pouvoirs ; après les six mois, l'assignation doit être donnée au
domicile de la partie. Les art. 494 et 495 exigent la consignation d'une
certaine somme , et une consultation favorable et unanime de trois avocats exerçant depuis dix ans au moins près d'un des tribunaux du ressort de la cour dans laquelle le jugement a été rendu. L'absence de ces
formalités sont des causes de nullité en matière de requête civile.

§ VII. — *Des effets de la requête civile.*

Les voies ordinaires pour faire réformer les jugements ont un effet suspensif ; il n'en est pas de même des voies extraordinaires. L'art. 497 nous le dit formellement : « la requête civile n'empêchera pas l'exécution du jugement attaqué, nulles défenses ne pourront être accordées ; celui qui aura été condamné à délaisser un héritage, ne sera reçu à plaider sur la requête civile, qu'en rapportant la preuve du délaissement au principal. » C'est-à-dire, la preuve de délaissement de l'immeuble. Car, quant aux fruits, dommages, intérêts et dépens, il n'est pas tenu d'en rapporter quittance au préalable ; mais s'il y a contrariété entre diverses dispositions de la même sentence, l'exécution s'en trouve suspendue par la force même des choses, et non par une conséquence de la requête civile.

§ VIII. — *De la requête civile incidente.*

Malgré le silence de la loi là-dessus, nous pensons que le défendeur à la requête civile peut se pourvoir lui-même incidemment par cette voie, en l'employant avant le jugement du rescindant, par requête d'avoué à avoué et en faisant la consignation nécessaire, et en rapportant une consultation favorable de trois avocats.

§ IX. — *De l'instruction de la requête civile.*

Quoique la requête civile se rattache à un procès antérieur, néanmoins elle constitue comme l'appel une instance particulière. Aussi, le défendeur ou quelqu'un des défendeurs ne comparait-il pas, il y aura lieu de procéder comme en matière ordinaire ; seulement, si la requête civile a été pratiquée dans les six mois de l'obtention du jugement, les pouvoirs de l'avoué se continueront toujours, la sentence rendue sur le rescindant ne peut être qu'un défaut faute de conclure ; l'affaire est ensuite portée à l'audience sur avenir et doit être jugée sur plaidoirie ou au moyen de l'instruction par écrit, s'il y a lieu. Mais, attendu qu'il est suffisant de la consultation des avocats qui a dû précéder la requête civile, l'art. 499 défend expressément tout autre moyen de discussion ; toutefois, la requête civile doit être communiquée au ministère public (498).

?. X. — *Du jugement sur le rescindant.*

La requête civile doit être admise ou rejetée par le jugement qui est rendu sur le rescindant. Voyons ce qui arrive dans ces divers cas ; l'art. 500 nous dit, que le jugement qui rejete la requête civile doit condamner le demandeur à l'amende et aux dommages-intérêts consignés, sans préjudice d'en réclamer de plus amples s'il y a lieu. Mais si la requête civile n'a pas été tranchée ou si les parties ont transigé, la consignation doit être restituée ; mais il n'y a pas lieu à restitution si le demandeur se désiste.

Si la requête civile est admise, le jugement est alors rétracté, et les parties sont remises aux même état où elles étaient avant ce même jugement ; les sommes consignées sont rendues, et les objets des condamnations qui ont été perçus en vertu du jugement rétracté doivent être restitués. Lorsque la requête civile est entérinée pour raison de contrariété de jugement, le jugement qui l'entérine doit ordonner que le premier jugement sera exécuté selon sa forme et teneur (art 501). Si la contrariété existe entre les dispositions du même jugement, ce jugement doit être rescindé purement et simplement, et le fond doit ensuite être plaidé et jugé de nouveau.

§ XI. — *Du rescisoire.*

Le rescisoire qui est le fond de la contestation sur laquelle le jugement rétracté a été rendu, doit être porté au même tribunal et devant les mêmes juges qui auront statué sur la requête civile (art 502), sans qu'il soit même permis de les récuser. Pour poursuivre le jugement du rescisoire, il suffit de donner acte d'avenir à l'avoué qui a occupé pour le rescindant, pourvu que ce soit dans l'année du jugement qui a entériné la requête civile ; après l'année, il faudrait une assignation à partie.

§ XII. — *De la défense de se pourvoir deux fois par requête civile.*

L'art. 503 porte : Aucune partie ne pourra se pourvoir en requête civile, soit contre le jugement déjà attaqué par cette voie, soit contre le jugement qui l'aura rejetée, soit contre celui rendu sur le rescisoire, à peine de nullité ou de dommages intérêts, même contre l'avoué qui ayant occupé sur la première demande, occuperait sur la seconde). Cette exception s'applique même aux mineurs et établissements publics ; la défense même de l'article s'appliquerait au cas où depuis le rejet de la requête civile, on découvrirait un dol ou faux ou rétention de pièces. Mais alors on peut avoir recours à d'autres voies, par exemple si le faux est reconnu par les tribunaux criminels, on peut, comme partie civile, obtenir une indemnité : si c'est une quittance retenue par son adversaire, qui est recouvrée, la partie a droit d'exercer la *condictio indebiti*. Si le jugement rendu sur le rescindant ou sur le rescisoire a en quelques points violé la loi, si par exemple le ministère public n'a pas été entendu quand il devait l'être, on peut employer le recours en cassation.

Droit Criminel.

Des circonstances atténuantes.

Code pénal (art. 464—485.)

Lorsque le législateur édicte une loi pénale , il ne peut pas *à priori* modifier la généralité des règles qu'il pose , suivant les innombrables nuances que peut présenter la manifestation d'une volonté criminelle s'exerçant dans un milieu de circonstances si variées. Et cependant on doit en tenir compte pour rendre une bonne justice , et pour ne faire peser sur chaque agent criminel que la part de responsabiliré qui lui revient en effet.

Notre législation pénale, après avoir été tantôt arbitraire , tantôt trop rigoureuse, commença dans le Code pénal de 1810 par remettre aux tribunaux en matière correctionnelle le pouvoir de modifier la peine et de la descendre même d'un degré , et parvint enfin en 1832, en posant des classifications et des qualifications différentes des fautes punissables , et en rattachant des ordres de peines à chacune de ces classifications , à créer les *circonstances atténuantes*, qui permettent aux magistrats et au jury de donner à la loi et à son application la flexibilité que comporte une appréciation juste des faits humains punissables.

Il faut distinguer les circonstances atténuantes des excuses. Les excu-

ses sont prévues par la loi , elles sont fondées sur l'âge, la provoca-
tion , etc. ; les circonstances atténuantes, au contraire, sont écrites dans
les détails du fait, dans ses diverses nuances , dans le cœur même
du juge, qui n'a pas besoin de motiver les bénéfices dont il fait jouir
'accusé.

Les circonstances atténuantes sont applicables en matières criminelles,
correctionnelles et de simple police (art 463-483, alinéa 2.) , mais leur
extension ne sera point toujours la même, ainsi que nous en avertit le
texte de ses articles.

En matière criminelle , en effet, le bénéfice des circonstances atténuantes s'appliquera à toute espèce de crimes prévus par le Code pénal,
ou toutes autres lois , tandis qu'il ne s'applique qu'aux délits ou contra-
ventions prévus par le Code Pénal ordinaire.

Les circonstances atténuantes ayant pour but d'abaisser la peine, voyons
dans quelle mesure elles peuvent le faire.

Quand la peine de mort est prononcée par la loi , et que le jury
a admis des circonstances atténuantes , la Cour peut baisser la peine
jusqu'à la dernière limite de cinq ans de travaux forcés. S'il s'a-
git de crimes politiques entraînant la peine de mort , la cour d'assises
substitue à cette peine non plus celle des travaux forcés, mais celle de la
déportation ou de la détention. Si la peine est des travaux forcés à perpé-
tuité, la Cour appliquera la peine des travaux forcés à temps ou la réclusion ; si la peine est la déportation , elle appliquera la détention ou le
bannissement ; si la peine est les travaux forcés à temps , on appliquera
la réclusion ou deux ans de prison au moins.

En matière correctionnelle , les peines ne peuvent pas subir de di-
minution de degré , puisqu'il n'y en a point ; seulement dans le cas de
circonstances atténuantes , l'emprisonnement pourra être réduit , même
au-dessous de six jours, et l'amende au-dessous de 16 fr. ; les juges peuvent même ne prononcer qu'une de ces deux peines. Mais quelle sera
l'amende qu'on pourra substituer à l'emprisonnement ? Nous croyons
qu'on ne pourra pas l'abaisser au-dessous des peines de simple police, et
que si l'emprisonnement ne peut pas être de moins d'un jour, l'amende
ne pourra pas être de moins de un franc.

Nous avons déjà vu qu'en matière de délit, les circonstances atténuantes n'étaient applicables que pour ceux qui sont prévus par le Code
Pénal ; de là la conséquence admise depuis longtemps et unanimement
par la jurisprudence, que les tribunaux ne pourront appliquer les circonstances atténuantes pour les délits prévus par des lois spéciales, et
postérieures au Code Pénal, que lorsque le législateur a pris le soin de
dire dans les lois nouvelles qu'il permettait l'application de l'art. 463.
Mais, quoique le texte de ce dernier article ne semble rattacher la possi-
bilité des circonstances atténuantes qu'au cas où il s'agit d'emprisonnement ou d'amende, faut-il dire que les autres peines ne pourront jamais
être admises à profiter de ses bienfaits ?

Quant à la peine de confiscation spéciale, il a été jugé qu'elle était étran-
gère au bénéfice des circonstances atténuantes. Mais quant à la peine de
la surveillance, la solution contraire a été admise, parce qu'elle est commune aux matières correctionnelles et criminelles et que les tribunaux
pouvant n'appliquer qu'une peine de simple police, sont par là même
autorisés à supprimer la peine de la surveillance, qui est incompatible
avec les peines de simple police.

La récidive en matière criminelle ainsi qu'en matière correctionnelle,
n'étant point forcément une circonstance aggravante, les tribunaux peuvent l'écarter complétement en appliquant l'art. 463 du Code Pénal, et
admettre les circonstances atténuantes.

Cette Thèse sera soutenue, en séance publique, dans une des salles
de la Faculté, le 4 Août 1858.

Vu par le Président de la Thèse,

CHAUVEAU-ADOLPHE.

Toulouse, Imprimerie Troyes Ouvriers Réunis rue Saint-Pantaléon, 3.

AUTRES QUESTIONS.

Code Napoléon.

Les donations que l'un des époux a faites, par *contrat de mariage*, à celui contre qui la séparation de corps a été prononcée, sont-elles révoquées de *plein droit*, par le fait même du jugement de séparation? — Je répondrai affirmativement à cette question bien sérieuse et vivement controversée.

Procédure Civile.

La requête civile peut-elle être admise pour les jugements en dernier ressort, rendus par les juges de paix? — Non.

Droit Criminel.

Les tribunaux militaires peuvent-ils user du bénéfice des circonstances atténuantes? — R. Non (Arrêt de la Cour Suprême).

www.ingramcontent.com/pod-product-compliance
Ingram Content Group UK Ltd.
Pitfield, Milton Keynes, MK11 3LW, UK
UKHW020059100726
13658UKWH00004B/1868